QUE FERONS-NOUS

A MEXICO?

PARIS

IMPRIMERIE DE L. TINTERLIN ET Cᵉ

rue Neuve-des-Bons-Enfants, 3

QUE FERONS-NOUS

A MEXICO?

PARIS

E. DENTU, LIBRAIRE-ÉDITEUR

PALAIS-ROYAL, 13 ET 17, GALERIE D'ORLÉANS

1863

QUE FERONS-NOUS

A MEXICO?

I

Il est à certaines époques des questions qui, toutes simples au moment où elles se lèvent à l'horizon de la politique, prennent, à l'insu même de ceux qui leur ont donné naissance, une importance qu'ils étaient loin de leur accorder. A quoi tient cette importance qui force la partie la plus indifférente du public à sortir de son apathie et de sa non-réflexion ? Cela dépend le plus souvent des circonstances accessoires que l'on n'avait point prévu devoir survenir, et qui tout à coup apparaissent au premier plan pour donner à la situation une physionomie aussi nouvelle qu'inattendue. C'est ainsi que bien peu de personnes en France avaient songé à s'occuper du Mexique.

Qu'était le Mexique, en effet ? Une terre sauvage habitée par une population barbare et présentant en somme des lignes peu accusées de civilisation. Tel du moins il apparaissait aux esprits superficiels qui, s'ils se piquaient de quelques notions d'histoire, allaient jusqu'à se souvenir des hauts faits de Fernand Cortez, des malheurs de Montezuma et de l'héroïsme stoïque de Guatimozin. Somme toute la France pouvait se supposer assez étrangère aux faits et gestes de ces peuples primitifs et aux actions, assurément fort secondaires, qui pouvaient surgir en ces régions lointaines, dont le nom nous était presque inconnu.

Combien, depuis quelques mois, les choses n'ont-elles pas changé de face ? Il a suffi pour cela que la France crût devoir apparaître en armes sur ces rivages; il a suffi que notre armée se trouvât engagée dans une lutte lointaine pour que l'opinion s'émût et que toute indifférence cessât.

Est-ce à dire que notre pays ait vu de gaieté de cœur cette expédition à laquelle il n'était disposé ni par des précédents suffisamment clairs, ni par des actes parfaitement déterminés? Il serait difficile d'affirmer que spontanément la France eût de bien grandes tendances à tenter l'aventure. Il est vrai qu'il y avait en cause certains secrets d'État auxquels elle n'était nullement initiée ; mais le gouvernement s'étant cru des raisons plausibles d'intervenir en ces pays livrés à toutes les péripéties de la guerre civile, la France dut s'en rapporter à lui et ne pas plus douter de sa sagesse que de sa ferme conviction de réussir.

Néanmoins, le gouvernement lui-même prit soin de s'entourer de garanties qui semblaient plus que suffisantes. Il prévint l'opinion qu'au Mexique, les intérêts de nos nationaux étaient menacés par les exactions d'un pouvoir qui ne semblait digne ni de notre considération ni de nos sympathies. Nous n'étions pas seuls d'ailleurs à réclamer réparation pour des dommages reconnus réels. L'Angleterre et l'Espagne devaient agir avec nous d'un commun accord ; nul risque à craindre, peu de dépenses à faire avec l'avantage de montrer notre pavillon et notre drapeau à ces populations qui semblaient en méconnaître et le prestige et la puissance.

Chacun, dès lors, s'imagina que c'était là pure affaire de diplomatie. L'Angleterre, l'Espagne et la France n'étaient pas un seul instant supposées capables d'hésitation ou de désaccord. L'opinion resta calme et presque indifférente, ne doutant pas qu'en une occurrence pareille tout ne dût aller à bien. Toutefois l'affaire ne parut pas à tous les esprits aussi simple et aussi limpide.

II

Le Mexique, en effet, venait de traverser une phase d'agitation sérieuse, de luttes acharnées ; un parti, notoirement signalé comme représentant des tendances cléricales, avait été vaincu dans la personne de son chef, le général Miramon. L'autre parti, par le fait même de son triomphe, devait arborer les couleurs contraires. Or, c'était ce parti, nécessairement opposé à l'influence cléricale, qu'il s'agissait d'aller combattre.

La masse de la nation s'en remit entièrement à la conduite que le gouvernement jugerait à propos de tenir, et l'on attendit que plus de lumière fût faite ou que des actes fussent accomplis.

Depuis lors, bien des événements ont surgi, et l'on peut se demander aujourd'hui si du même coup la lumière s'est faite. C'est, pour notre compte, ce que nous nous proposons d'examiner avec toute l'impartialité qu'exige l'examen d'une situation où la France se trouve engagée, et en ce qui regarde ses intérêts et en ce qui a trait à son honneur.

Nous n'avons nulle prétention d'apporter sur ce terrain de la lutte présente, un de ces renseignements inédits qui semblent devoir livrer une solution immédiate au problème posé. Bien plus modeste est notre rôle.

Depuis que les trois nations alliées se sont embarquées pour l'expédition du Mexique, les faits ont parlé d'eux-mêmes et les écrits n'ont pas manqué. Il serait oiseux, à l'heure présente, de vouloir faire la critique de la conduite en apparence assez étrange, mais en réalité assez logique, de l'Angleterre et de l'Espagne. Il y aurait, d'autre part, plus d'un inconvénient à analyser de trop près les incidents qui ont laissé la France seule en présence d'une tâche difficile que son gouvernement a dû accepter avec résolution, puisqu'il s'était donné un but à atteindre, et que les circonstances l'en avaient éloigné, sans lui démontrer qu'il avait tort de le poursuivre.

Ce n'est donc point ici de récriminations qu'il s'agit. Si le gouvernement croit bien faire, qu'il marche seul, puisque seul il a assumé la responsabilité. Nous ne pouvons que faire des vœux pour le succès de ses armes ; mais nous ne voyons aucun inconvénient à nous enquérir, en toute franchise, des résultats possibles de l'expédition, en la supposant accomplie avec tout le succès que nous lui désirons.

Que ferons-nous à Mexico? Car nous ne doutons pas que notre armée triomphante n'y fasse une entrée prochaine. Quels avantages y pourrons-nous recueillir, quels principes y faire prévaloir? quelles seront les charges futures qui pourront incomber au budget de la France? quelles garanties aurons-nous? qu'est-ce qui nous couvrira des dépenses effectuées? Tel est le point de vue multiple auquel nous songeons à nous placer pour satisfaire à l'un des besoins de l'opinion française, sans nous inquiéter en rien de ce qu'en peuvent penser les étrangers.

III

On entrevoit déjà que, pour embrasser un horizon aussi vaste, il faut s'élever à une certaine hauteur, d'où l'on puisse dominer tous les accidents de terrain qui gêneraient le regard du spectateur.

Au lieu donc de nous borner aux incidents de la phase présente, nous croyons devoir demander à l'histoire elle-même les termes vrais de la situation générale à laquelle la France est venue mêler son action, qui ne peut manquer d'être prépondérante, ne fût-ce que pour mettre en saillie les éléments complexes qui s'y trouvent engagés.

Depuis trois siècles, le Mexique a subi l'influence européenne. Aux temps où Fernand Cortez vint renverser l'empire des Aztèques, le monde européen, resserré dans ses frontières chrétiennes, tendait à élargir l'espace où le mouvement pût lui être permis. En Asie, il avait trouvé la résistance musulmane, laquelle, elle-même, avait subi le contre-coup de l'irruption mogole. Les Croisades, par leur insuccès militaire et par leur nullité de résultats politiques en Orient, avaient forcé l'Occident européen à se replier sur lui-même, et l'on sait quelle explosion sortit de son sein sous la double expression de la Renaissance et de la Réforme.

Le terrain manquait en Europe, mais le champ immense de l'Océan s'ouvrait aux entreprises hardies. On traversa l'Océan. Christophe Colomb ouvrit la route par l'inspiration de son génie tenace et convaincu. Après lui, vinrent les soldats d'aventure, dont Fernand Cortez est le plus complet représentant.

En ces temps, comme à notre époque, on voit en présence l'aventurier audacieux et le gouvernement réfléchi. L'Espagne alors était prépondérante : elle seule crut devoir profiter des avantages que lui apportait la conquête inespérée d'un empire ; l'aventurier fut laissé dans l'abandon, il tomba dans l'oubli, et, dans les contrées nouvellement conquises, on ne reconnut qu'un pouvoir, celui des vice-rois.

Mais, c'était peu que d'avoir détruit un empire. Pour triompher de la civilisation qu'il venait abattre et en exploiter les produits, Fernand Cortez avait dû s'appuyer sur des populations mécontentes de la domination par lui renversée. Le gouvernement espagnol eut à ménager ses alliés, s'il ne voulait les voir se transformer en ennemis. D'autre part, il était assuré de la haine des peuples qui allaient avoir à subir son joug ; c'était pour l'avenir un point noir qui, à la suite des siècles, devait grandir et receler le plus terrible des orages. On sait qu'après trois siècles la tempête éclata furibonde et rejeta l'Espagne hors de ce pays, auquel elle n'avait apporté que l'oppression.

Cette oppression qu'elle imposait à ces contrées fortuitement amenées sous sa domination, l'Espagne du moins en tira-t-elle un profit qui put lui faire oublier l'injustice dont elle s'était rendue coupable? Un simple rappel de ses désastres suffit pour nous montrer que le crime reçut ici-bas sa plus complète expiation. Après Charles-Quint, qui pouvait recevoir de ses courtisans l'assurance flatteuse que jamais le soleil ne se couchait sur l'étendue de ses vastes États, l'Espagne, qui avait payé de la perte de ses libertés intérieures la grandeur plus apparente que réelle de son roi devenu empereur, ne fit que décheoir, sans que rien pût arrêter sa décadence. Le gouvernement espagnol, en effet, sous le mirage d'une *unité* chimérique, chassa de la péninsule les Maures qui étaient l'âme de son agriculture; il brûla les juifs qui eussent pu lui rendre des services dans l'ordre financier. Le sombre tribunal de l'Inquisition appliqua son code inexorable, et, malgré tant de rigueurs, les désastres ne purent être conjurés. Le monarque absolu, *el rey netto* de toutes les Espagnes, fut obligé d'abandonner l'empire d'Allemagne; il vit la Hollande se soustraire à la dure pression de son sceptre; les Flandres lui furent enlevées, le Roussillon et la Franche-Comté cessèrent de faire partie de ses États, et, cependant, le Mexique versait toujours le produit de ses mines inépuisables. Fernand Cortez avait livré à son pays les filons enchantés de l'Eldorado. Vaine chimère! illusion dangereuse! L'Angleterre, fermement appuyée sur ses libertés nationales, balayait de l'Océan l'invincible Armada, et la Hollande, émancipée par son courage, et inflexible dans ses croyances religieuses et politiques, pouvait, sans grand péril, capturer les riches galions qui venaient de la Vera-Cruz ou d'Acapulco.

Ainsi l'Espagne fut victime d'une illusion déplorable. Au

lieu de se concentrer, elle se répandit au loin, comme dans une course de folles aventures. Elle laissa dépérir les ressources de son propre territoire, elle négligea l'industrie, et ne vit dans le commerce que la protection la plus aveugle. Lorsque autour d'elle les nations grandirent par le travail et par une plus juste appréciation des rapports des peuples entre eux, elle se trouva pauvre, ruinée, démoralisée. Au loin s'exerçait une domination sans prestige qui devait s'écrouler à la première occasion de conflit. Le Mexique fut le premier à secouer un joug abhorré, et du jour où ses populations se relevèrent sur l'arène du combat, il reprit une valeur historique qui doit être accordée à quiconque s'affirme dans le monde par la revendication de l'indépendance et de la liberté.

La France, qui aujourd'hui se montre en armes en ces contrées d'où l'Espagne fut chassée par la force, a été autrefois la cause indirecte de leur émancipation. Par sa révolution de 1789 notre pays est venu changer les principes et, par conséquent, les faits eux-mêmes de l'équilibre social. L'Espagne, qui se trouvait engagée dans les liens du pacte de famille qui resserrait sous les dynasties bourbonniennes les races latines dont on essaye de faire quelque bruit de nos jours, dut s'incliner devant les nécessités nouvelles. L'empereur Napoléon Ier, reprenant pour son compte l'idée du pacte de famille, mit sur les trônes qu'il avait rendu disponibles sa propre parenté. L'Espagne fut atteinte par le jeu de cette politique à laquelle tout semblait vouloir se soumettre. Froissée dans ses instincts et dans ses traditions, elle ne consentit pas à céder à une injonction impérieuse qui lui venait de l'étranger. On connaît trop le drame saisissant de ses luttes acharnées contre l'invasion militaire de la France pour qu'il soit utile de les rappeler ici.

I V

Néanmoins, il nous fallait remonter jusque-là pour saisir le fil qui doit nous guider dans le labyrinthe obscurci des affaires mexicaines au milieu desquelles le gouvernement français a cru de son devoir ou de sa politique de mettre le poids de son épée.

Rien ne se perd dans la suite des traditions nationales. Un fait, qui semble étrange au premier abord, s'illumine dès lors qu'on prend soin de le rattacher à ce qui le précède. Souvent on prend pour superficiel et de peu d'importance tel incident qui repose sur des racines profondes. Nous craignons qu'en France l'opinion ne se soit pas suffisamment enquise de la véritable situation du Mexique, et qu'elle ne se soit laissé abuser par des affirmations sans trop de consistance que la discussion quotidienne se croit obligée d'alléguer pour rendre compte des événements courants.

Si, en prenant la détermination d'envoyer nos soldats au Mexique, le gouvernement s'était borné à sauvegarder les intérêts menacés de quelques-uns de nos nationaux, la question en elle-même eût été simple, quoique assez épineuse en exécution. On ne peut disconvenir que, dans la convention de Londres entre les trois puissances qui se décidaient à présenter une réclamation appuyée s'il le fallait sur la force des armes, telle n'ait été l'idée en vertu de laquelle furent arrêtées les clauses de leur coopération. Le public, au premier abord, ne vit rien au delà de ces exigences naturelles de la diplomatie, réglant dans les formes établies les termes d'un conflit survenu sur le terrain du droit international. Nul danger ne semblait être en cause en pareille occurrence. Les nations les plus pointilleuses sur leur droit de contrôle laissent en ces cas l'initiative au gouvernement lui-même, se réservant d'intervenir si celui-ci a dépassé les bornes dans les limites desquelles la nation a jugé qu'il était à propos d'agir.

Au début de l'expédition peu de personnes eussent pu en prévoir les péripéties diverses. Aujourd'hui le terrain est déblayé de certaines obscurités qui empêchaient la lumière d'apparaître. Si même on veut bien se souvenir, on reconnaît que certains indices, qui se manifestaient à l'origine, contenaient en germes les événements que la marche des faits est venu mettre en saillie.

Avant de nous demander ce qui ressort nettement de cette lutte d'un demi-siècle qui a agité le Mexique depuis le jour où il se posa indépendant de l'Espagne jusqu'à nos jours, où nous nous montrons à lui sous la figure d'ennemis redoutables quoique nous déclarant animés des meilleures intentions à son égard, nous devons nous enquérir de la situation qui était faite à chacune des trois puissances alliées. Étant donné le Mexique, dont la France, l'Angleterre et l'Espagne ont à se plaindre, leur position respective, leur manière de voir, différente à plus d'un titre, devait se signaler sous les formes voilées de la diplomatie elle-même, cherchant à stipuler la plus exacte identité d'action.

L'Espagne n'ignorait pas que son nom était exécré au Mexique. Vaincue dans sa lutte contre les Mexicains, qui contre elle seule avaient obtenu la libération de leur territoire de la domination étrangère, jamais depuis son échec devenu définitif, elle n'avait eu l'occasion de reparaître militairement sur ce sol qui l'avait si énergiquement repoussée. Rien d'étonnant qu'elle profitât de la circonstance qui lui était offerte. Sa position à Cuba en faisait d'ailleurs la plus précieuse auxiliaire. Le gouvernement espagnol pouvait faire ses réserves mentales, mais aller au Mexique était pour lui une trop bonne fortune pour qu'il ne s'empressât pas d'entrer dans l'alliance offerte. D'ailleurs, il y avait dans l'ombre plus d'une arrière-pensée cléricale, plus d'une nécessité de politique catholique qui devait sourire à l'Espagne, immaculée jusqu'à nos jours de toute liberté religieuse. Son concours avait donc toute raison d'être acquis.

Toute autre était la situation de l'Angleterre, constitutionnelle et libérale en principe, protestante et commerçante en fait, étrangère à tout autre souci que celui d'assurer à ses intérêts nationaux une protection efficace. Elle se croyait des griefs suffisants pour unir sa voix aux réclamations de ses deux alliées présentes, entre lesquelles d'ailleurs elle imaginait pouvoir servir de lien ou de correctif.

Tout aussi simple eût pu être le rôle de la France. Mais aussi bien plus compliqué il devait être si le gouvernement se laissait aller à écouter les influences diverses dont il pouvait se faire l'écho. Selon qu'il lui semblerait convenable d'appuyer uniquement la réclamation réparatrice adressée par des nationaux insuffisamment respectés, ou bien qu'il songerait à soutenir les prétentions d'un parti qui venait de subir une défaite politique et militaire au Mexique ; suivant qu'il permettrait, à l'ombre du drapeau de la France, à des prétentions industrielles de se faire jour ; selon surtout qu'il s'engagerait dans un débat difficile entre la forme républicaine ou monarchique comme plus ou moins appropriée au pays qu'il s'agissait d'aller occuper militairement, l'aspect des choses devait changer de fond en comble. Chacun de ces points de vue le gouvernement de l'Empereur était à même de les faire prévaloir ou de les négliger en toute conviction. Nul contrôle n'était possible *à priori*, et la nation devait toujours accepter la responsabilité des faits accomplis.

Nous croyons, et les événements ne l'ont que trop bien montré, que les intentions des hautes puissances contractantes n'étaient pas assez explicitement dessinées au premier moment de leur entente. Néanmoins, il a régné dans leurs déclarations d'ensemble une sorte d'ambiguité qui semblait les rendre solidaires dans une certaine tendance, qui semblait porter au delà d'une simple revendication de justice de simples griefs d'ordre commercial ou financier. Pour s'en convaincre, il suffit de se reporter à la note envoyée par les plénipotentiaires au président de la république mexicaine dès le début de l'expédition. En voici le texte, auquel on ne saurait prêter trop d'attention :

« Les soussignés, représentants de S. M. la reine de la Grande-Bretagne, de S. M. l'empereur des Français et de S. M. la reine d'Espagne, ont l'honneur d'exposer à Votre Excellence qu'ils ont reçu de leurs gouvernements respectifs l'ordre de lui présenter un ultimatum, dans lequel se trouveront exposées leurs justes réclamations.

« Des dettes sacrées et déjà reconnues par des traités n'ont pas été acquittées ; la sûreté individuelle de nos compatriotes a été compromise : à un odieux système d'extorsion ont succédé le pillage et le meurtre. Un pareil état de choses devait contraindre les gouvernements alliés à venir demander au Mexique, non-seulement des réparations pour le passé, mais aussi des garanties pour l'avenir ; mais les représentants soussignés, investis de la confiance de leurs gouvernements, n'ont pas pensé qu'il leur suffirait d'exposer leurs griefs et d'en exiger la réparation immédiate.

« Prenant en considération l'état actuel du Mexique, ils ont cru que leur mission pouvait avoir un but plus élevé et une fin plus généreuse.

« Trois grandes nations n'ont pas formé une puissante alliance uniquement pour venger les outrages dont a pu se rendre coupable vis-à-vis d'elles un peuple soumis lui-même à de cruelles épreuves. Il était plus digne d'elles, en unissant leurs armes, de tendre à ce malheureux peuple une main amie et de chercher à le sauver sans l'humilier. Le Mexique a été en proie à de trop fréquentes convulsions ; il est temps que le désordre et l'anarchie fassent place à un état normal fondé sur le respect de la loi et des droits des étrangers, comme de ceux des citoyens.

« Le peuple mexicain a une existence qui lui est propre,

Il a son histoire et sa nationalité. Les trois nations alliées ne peuvent donc être soupçonnées de vouloir porter atteinte à l'indépendance du Mexique. Le rang qu'elles occupent en Europe, la loyauté dont elles ont toujours fait preuve, doivent les mettre à l'abri d'un pareil soupçon. Ce qu'elles voudraient obtenir, c'est qu'un pays aussi réellement doué par la Providence que l'a été le Mexique, ne laissât point l'instabilité du pouvoir anéantir tant de dons précieux, et entraîner fatalement la ruine de la république.

« Nous venons ici pour être les *témoins*, et, au besoin, les *protecteurs* de la régénération du Mexique. Nous venons assister à son organisation définitive, sans vouloir intervenir en aucune façon dans la forme de son gouvernement ni de son administration intérieure. C'est au Mexique seul qu'il appartient de juger quelles sont les institutions qui lui conviennent, quelles sont celles qui s'accordent le mieux avec ses besoins et la civilisation du dix-neuvième siècle.

« Nous pouvons montrer au peuple mexicain quelle est la route qui le conduira à la prospérité. Seul, il doit, sans intervention étrangère et en obéissant à ses propres inspirations, s'engager dans cette route. C'est ainsi qu'il établira, dans un pays si souvent troublé par la révolution, un ordre de choses stable et permanent. C'est ainsi qu'il trouvera facile l'accomplissement des devoirs internationaux, et qu'il pourra faire régner à l'intérieur l'ordre et la liberté.

« Signé : C. Lennox Wyke, Hugh Dunlop,
E. Jurien de la Gravière, Dubois
de Saligny, le comte de Reus.

« Vera-Cruz, le 14 janvier 1862. »

Quand on lit attentivement cette pièce, on sent que les honorables plénipotentiaires sont dominés par des préoccupations qui ne semblent pas immédiatement renfermées dans le cercle de simples réparations à exiger du gouvernement mexicain. Il y avait de la part des puissances alliées comme une sorte de jugement formulé à l'égard du gouvernement présent du Mexique, et, malgré l'ambiguité des expressions, il se dégage une déclaration assez accusée d'intervention bienveillante, si l'on veut, mais suffisamment marquée pour que les ayants-droit se le tinssent pour dit.

Non contents de la mise en demeure qu'ils avaient notifiée au gouvernement présent du Mexique, les plénipotentiaires avaient adressé directement au peuple mexicain lui-même la proclamation suivante, qui semblait l'appeler à être juge entre ses gouvernants et les alliés :

« Mexicains,

« Les représentants de l'Angleterre, de la France et de l'Espagne, remplissent un devoir sacré en vous faisant connaître leurs intentions, dès leur arrivée sur le territoire mexicain.

« La foi des traités, violée par les divers gouvernements qui se sont succédé parmi vous, la sûreté individuelle de nos compatriotes, sans cesse menacée, ont rendu nécessaire et indispensable cette expédition. Ceux-là qui font croire que derrière de si justes prétentions se trouvent cachés des projets de conquête, de restauration et d'intervention dans votre politique et votre administration, vous trompent.

« Trois nations qui acceptèrent et reconnurent loyalement votre indépendance ont droit qu'on les croient animées de sentiments plus nobles, plus élevés et plus généreux que de vouloir vous tromper. Les trois nations que nous représentons, dont le premier intérêt semble être d'obtenir une réparation des griefs qui leur ont été faits, ont un mobile plus élevé et d'une portée plus générale. Elles viennent tendre une main amicale à un peuple auquel la Providence avait prodigué tous ses dons, mais qu'elles voient avec douleur user ses forces et épuiser sa vitalité sous la violente impulsion des guerres civiles et de perpétuelles convulsions.

« C'est là la *vérité*, et nous, qui sommes chargés de vous l'exposer, nous ne le ferons qu'en vue de vous faire travailler à votre avenir, qui nous intéresse, et non dans le but de vous faire la guerre. C'est à vous, exclusivement à vous, sans aucune intervention étrangère, qu'il importe de vous constituer d'une manière solide et durable.

« Votre œuvre sera une œuvre de régénération à laquelle applaudiront tous ceux qui y auront contribué, les uns par leurs opinions, les autres par leur illustration, et tous, en général, par leur bonne foi. Le mal est grave, le remède est pressant ; c'est aujourd'hui ou jamais que vous pouvez faire votre bonheur.

« Mexicains, écoutez la voix des alliés, ancre de salut pour vous, au sein de la tourmente dont vous êtes environnés ; fiez-vous entièrement à leur bonne foi et à leurs généreuses intentions ; n'ayez aucune crainte des esprits inquiets et malveillants ; votre attitude résolue et décidée saura les confondre tout le temps que nous resterons impassibles au spectacle grandiose de votre régénération, garantie par l'ordre et la liberté.

« C'est ainsi que le comprendra, nous en sommes sûrs, le gouvernement suprême auquel nous nous adressons ; c'est ce que comprendront les illustrations du pays auquel nous parlons ; et, ce dont les bons patriotes seront forcés de convenir, c'est qu'au lieu de recourir à la voie des armes, le mieux, c'est de mettre en avant la raison, qui seule doit triompher dans le dix-neuvième siècle.

« *Signé :* C. Lennox Wyke, Hugh Dunlop,
E. Jurien de la Gravière, Dubois
de Saligny, le comte de Reus
(général Prim).

« Vera-Cruz, le 10 janvier 1862. »

Le ton général de cette pièce diplomatique ne dément aucunement l'esprit de la précédente, il la corrobore au contraire en tout point. Le but était indiqué en termes habiles, les voies et moyens étaient laissés sur le second plan. Toutefois, il ressortait de la déclaration générale des alliés, que le gouvernement présent du Mexique leur inspirait une médiocre confiance. Néanmoins on procédait contre lui plutôt par insinuations détournées que par allégations catégoriques. La suite a montré que l'entente était loin d'être parfaite à cet égard entre les plénipotentiaires. La France, les événements sont venus nous en instruire, devait, sur ce terrain, suivre une logique plus stricte que l'Angleterre et que l'Espagne.

V

La dissidence éclata dans le cours des négociations. Le général Prim, général et plénipotentiaire de l'Espagne, chargé plus spécialement de la conduite de l'affaire, crut devoir traiter avec le gouvernement de Juarez, par l'intermédiaire d'un des ministres mexicains, le général Doblado. D'entrevues nombreuses, de pourparlers suivis, résulta la convention régulière de la Soledad, qui a clos le premier acte de ce drame que la France depuis a dû reprendre seule sur un plus vaste théâtre d'action. Il est indispensable de rapporter le texte précis de cette convention importante après laquelle le gouvernement français, privé du concours de ses alliés, ne crut pas devoir suivre l'exemple qu'ils lui donnaient en se déclarant satisfaits. .

Convention préliminaire de la Soledad, conclue entre le gouvernement mexicain, d'une part, et les plénipotentiaires de l'Espagne, de la France et de la Grande-Bretagne, d'autre part :

Art. 1er. — Le gouvernement constitutionnel qui est

actuellement au pouvoir dans la république mexicaine, ayant informé les commissaires des puissances alliées qu'il n'a pas besoin de l'assistance apportée par elles avec tant de bienveillance au peuple mexicain, parce que ce peuple contient en lui-même des éléments suffisants de force pour se préserver de toute révolte intérieure ; les alliés auront recours à des traités pour présenter toutes les réclamations qu'ils sont chargés de faire au nom de leurs nations respectives.

Art. 2. — Dans ce but, et les représentants des puissances alliées protestant qu'ils n'ont nullement l'intention de nuire à la souveraineté ou à l'intégrité de la république mexicaine, des négociations seront ouvertes à Oribaza, où les commissaires des puissances alliées et les ministres de la république se rendront, à moins que des délégués ne soient nommés par les deux parties, d'un consentement mutuel.

Art. 3. — Tant que dureront ces négociations, les forces des puissances alliées occuperont les villes de Cordova, Oribaza et Téhuacan.

Art. 4. — Afin qu'il ne puisse être en aucune façon supposé que les alliés ont signé ces préliminaires dans le but d'obtenir leur admission aux positions fortifiées, maintenant occupées par l'armée mexicaine, il est stipulé que, dans le cas où malheureusement les négociations seraient rompues, les forces alliées se retireront desdites positions et prendront position en ligne devant lesdites fortifications, sur la route de Vera-Cruz, etc.

Art. 5. — Dans le cas où malheureusement les négociations seraient interrompues, et les alliés se retireraient dans les lignes ci-dessus indiquées, les hôpitaux des alliés resteraient sous la sauvegarde de la nation mexicaine.

Art. 6. — Le jour où les alliés commenceront leur marche pour occuper les points mentionnés, le drapeau

mexicain sera hissé sur la ville de Vera-Cruz et sur le fort
de Saint-Jean d'Ulloa.

Signé : COMTE DE REUS, MANUEL DOBLADO,
CH. LENNOX WYKE, HUGH DUNLOP,
A. DE SALIGNY, E. JURIEN.

La Soledad, le 19 février 1862.

J'approuve ces préliminaires dans l'exercice des pleins
pouvoirs dont je suis investi.

BENITO JUAREZ, président de la république.
JESUS TÉRAN, secrétaire.

On ne pouvait plus régulièrement procéder. Néanmoins,
il ressortait de là une appréciation bien différente vis-à-vis
du gouvernement mexicain, de celle qui perçait dans les
déclarations primordiales des alliés. La question était de
savoir s'il y avait eu erreur à l'origine ou si l'on était venu
à résipiscence. L'Angleterre et l'Espagne ratifièrent les
termes de la convention ; le gouvernement français refusa
d'y souscrire. L'affaire entrait dès-lors dans une voie nouvelle. Nous devons nous efforcer de découvrir les lignes
dans lesquelles elle va se tracer. Pour cela il faut remonter
assez haut en arrière. Il est indispensable, pour apprécier
d'une façon claire et impartiale, d'exposer succinctement
les phases par lesquelles a passé le Mexique depuis le jour
où il leva l'étendard de la révolte contre l'Espagne, jusqu'au temps présent où il se voit contraint de nous combattre, nous qui, pour l'heure présente, faisons fonction
vis-à-vis de lui d'antagoniste, unique et convaincu.

VI

Ce qui frappe au début de l'intervention des trois puissances alliées, c'est que la France avant de s'engager dans

l entreprise a cru devoir, sous prétexte de se ménager des ententes dans le pays, couvrir de sa protection un général mexicain qui doit agir à l'ombre de notre drapeau. Tout le monde connaît aujourd'hui le trop fameux général Almonte. Nous indiquerons ultérieurement ce que ce personnage pouvait avoir la prétention de représenter au milieu du conflit mexicain. Tout autre était la conduite de l'Angleterre qui, pour maintenir son intervention dans les termes du pur droit international, faisait arrêter à bord de ses vaisseaux le général Miramon, le dernier président du Mexique, où il avait été l'épée du parti clérical récemment vaincu. Pour que se dessinât une situation aussi divergente, il fallait qu'il y eût au fond des closes plus de sérieux qu'on n'en voulait faire paraître. Le gouvernement français avait-il tout approfondi, nous ne sommes pas assez dans ses secrets pour rien augurer d'une façon indiscutable. Nous croyons cependant qu'il nous sera permis de nous livrer à quelques suppositions plausibles, qui faciliteront la réponse à notre simple question : *Que ferons-nous à Mexico ?*

Rien n'est plus intéressant que de reconnaître qu'au sein des agitations les plus tumultueuses de la politique, une sorte de raison supérieure se dégage toujours de la suite des événements. De cette vérité, l'histoire contemporaine du Mexique est un frappant exemple, il suffit pour en rester convaincu de n'être aveuglé par aucun *à priori* et de juger en toute indifférence, ce qui est le plus sûr moyen de ne pas se laisser abuser.

Pour donner une idée précise du commencement de la lutte entre le Mexique et l'Espagne, nous ne saurions mieux faire que d'emprunter quelques lignes à la remarquable introduction du livre de M. Ernest Vigneaux (1).

(1) *Souvenirs d'un prisonnier de guerre au Mexique*, par Ernest Vigneaux, Paris, librairie Hachette, 1863. Cet ouvrage, digne de la plus sérieuse attention, représente le côté de l'aventurier honorable dans toute la latitude de sa liberté et de son indépendance.

« Qu'on ne s'y trompe pas, dit-il, l'Espagne n'a conquis et dominé les Amériques que pour y laisser l'anathème sous lequel se sont affaissées les républiques hispano-américaines. Elle a joué le rôle du maître de la poule aux œufs d'or, elle a pris la succession de la Rome césarienne conquérant pour pressurer.

Un jour vint où le Mexique, la dernière de ces colonies continentales, trouva son joug trop lourd et le secoua; mais dans sa simplicité, il crut que s'être délivré de l'étranger c'était être indépendant; dans sa joie d'enfant, il ne songea pas à détruire les fâcheux errements de la domination étrangère. Sous la bannière de la foi, des hommes respectés ramassaient le fouet espagnol pour faire marcher le pauvre esclave de l'ignorance... Le mouvement qui arracha ce pays à l'Espagne fut l'œuvre du clergé. »

Le clergé créole, en effet, avait été maintenu dans l'infériorité la plus notoire. Les Espagnols, venus de la mère patrie, avaient toute prééminence aussi bien dans l'ordre politique que dans la domination religieuse. Il était défendu aux fonctionnaires venus d'Espagne de se marier dans le pays. La lutte, si elle s'engageait, avait donc un bras dans la race indigène et une tête dans le clergé subalterne sorti de son sein. Ainsi, en effet, se posa la question.

« Le clergé créole, ajoute M. Vigneaux, devenu le plus nombreux, ne put supporter cette infériorité originelle. Sûr de sa suprématie tant que règneraient l'ignorance et le fanatisme, — et de cela il faisait son affaire, — il ne craignit pas de jeter des germes de révolte. Il trouva la race indienne mûre pour une réaction contre trois siècles d'oppression insensée, et jalouse de répondre par une vengeance brutale à la plus brutale de toutes les tutelles politiques. »

La querelle avait ses cadres tout tracés, les événements ne purent que lui donner plus de relief. Le premier acte du drame fut accompli par le curé Hidalgo en 1810. Ce chef religieux de la révolte avait plus de 60 ans, mais il

avait conservé toute l'énergie de la jeunesse. Victorieux,
il n'hésite pas à ordonner le massacre des oppresseurs.
Vaincu plus tard, il n'obtint pas merci et fut mis à mort
par ses vainqueurs.

Un nouvel acteur parut sur la scène. C'était encore un
prêtre, le curé Morelos. Avec lui les vengeances instinc-
tives se calment. Il combat, mais ne massacre plus. Il
essaya de libeller une constitution, et réunit un congrès
qui proclama l'indépendance du Mexique le 13 décem-
bre 1813. Toutefois il ne devait pas voir triompher son
œuvre, et, comme son devancier, il tomba sous les balles
espagnoles.

On eût pu croire que c'en était fait à tout jamais des
tentatives insurrectionnelles du Mexique : qui eût pensé
ainsi eût été victime de la plus naïve des illusions. Néanmoins, comme si tous les éléments devaient se rencontrer
sur cette arène sanglante, le chef le plus inattendu parut
sur ces rivages. Le jeune Mina, neveu du célèbre guerillero
de la Péninsule contre les armées françaises, vint au Mexique poursuivre de sa haine le gouvernement traître et des-
potique de Ferdinand VII. C'était assurément un fait
étrange que de voir un Espagnol pur donnant la main et
offrant sa vie aux descendants de Montézuma. Il n'y avait
pourtant là rien de bien solide : l'alliance était trop hybride
pour donner des résultats valables. Le jeune Mina fut em-
porté par la tourmente et fusillé le 11 novembre 1817, à
l'âge de vingt-huit ans.

Il y a dans l'enchaînement des faits de la révolution mexicaine une telle logique qu'elle a frappé les écrivains les
moins prévenus. Ainsi M. de Bazancourt, dans son livre sur
le Mexique contemporain (1), dit : « Le gouvernement espagnol, aveugle comme tous les gouvernements dominateurs,

(1) Paris, Amyot éditeur, rue de la Paix, 8. Cet auteur représente les
impressions que peut se faire la diplomatie en présence de ce qui lui semble
au Mexique la plus inexplicable des anarchies.

s'endormit dans son triomphe, et le succès refusé au fanatique Hidalgo, au puissant Morelos, à l'intrépide Mina, fut réservé à la trahison. Étrange volonté du destin, qui choisissait le plus indigne pour en faire un triomphateur. »

Si l'on y regarde de près, il n'y a rien que de fort naturel dans l'intervention triomphante d'Iturbide. En effet, ce nouveau chef est créole et militaire. C'est le même principe sous une autre forme qui poursuit sa conséquence. Iturbide a en lui des éléments mixtes. Il oscille de l'Espagne à la race indienne, et met à la fin son épée au service de son pays qu'il se sent capable de dominer. A lui était acquis le pouvoir suprême, récompense de l'émancipation que lui devait le Mexique dont l'indépendance fut accomplie le 27 septembre 1821. L'Espagne ne conservait plus que le fort de Saint-Jean d'Ulloa.

Ce qui en impose aux esprits superficiels de l'Europe, c'est qu'ils s'imaginent que, débarrassé de l'Espagne, le Mexique eût dû rentrer dans une tranquillité profonde. Ils ne voient pas que rien n'était dégagé encore, et si la révolution a continué c'est assurément qu'elle avait encore quelques œuvres à accomplir, c'est ce que la suite démontre amplement.

Iturbide victorieux ne voulut aucun contrôle. Il allait reprendre pour son compte le rôle qu'il avait arraché à l'Espagne : il fit un coup d'État et se fit proclamer empereur. Pour montrer comment la situation devait aboutir à la lutte, nous laisserons parler M. de Bazancourt, qu'on ne peut soupçonner de connivence littéraire avec le mouvement mexicain.

« La popularité d'Iturbide, écrit-il, ne devait pas survivre longtemps à son couronnement. Les mesures les plus arbitraires se succédèrent, une fois entré dans cette voie dangereuse il fallait y marcher résolûment et ne pas regarder en arrière ; le nouvel empereur fit arrêter quatorze membres du congrès qui lui étaient opposés. Le congrès réclama contre cette violation de tous ses droits, et la lutte recommença réellement. L'aveugle Iturbide ne sentit pas que le souffle populaire allait bientôt renverser l'idole encensée par tant d'adorations. Le parti républicain s'agita, voulant pour le Mexique une constitution franchement républicaine, et déjà l'on sentait autour de soi ce vague frémissement qui précède toutes les commotions populaires, semblables à ces rafales de vent précurseurs certains de la tempête. »

Alors apparaît Santa-Anna. Celui-ci, porté par l'impulsion républicaine et fédérale qui sortait du sein de la race elle-même, fut condamné à s'agiter entre cette nécessité primordiale et la tendance centralisatrice dont le clergé était l'âme. La lutte s'engagea dans cette voie, et Santa-Anna dut s'y mêler et la subir toutes les fois qu'il ne fut pas assez fort pour la dominer.

Il n'entre pas dans nos intentions d'approfondir en détail ce drame dont il suffit à notre but de tracer les lignes générales. La guerre civile s'installa en permanence sur ce sol qui n'avait pas trouvé encore son assiette sociale. Les Espagnols avaient été exclus de toute résidence sur le territoire mexicain. Ferdinand VII, voyant le Mexique livré à toutes les difficultés de la lutte intestine, crut le moment favorable pour recouvrer les États qu'il avait perdus. Le 27 juillet 1829 une expédition espagnole débarqua au Mexique. Aussitôt les divisions cessent comme par enchantement, les Mexicains sont unanimes dans leur haine contre l'oppression traditionnelle. M. de Bazancourt est saisi lui-même de ce spectacle magnifique : « Tous les partis prennent les armes, dit-il, et viennent se ranger sous le même drapeau. Un seul cri sort de toutes les bouches : Aux armes ! une seule pensée est dans les cœurs : Mort aux Espagnols ! » Le 11 septembre 1829 l'armée espagnole mettait bas les armes avec les honneurs de la guerre et se rembarquait pour la Havane.

Quelques années plus tard le Mexique ressentit la pression de son voisinage avec les États-Unis. Le Texas insurgé se détacha de la république mexicaine. C'était en perspective une guerre avec la république américaine. Toutefois avant que se décidât cette question inévitable, le Mexique eut à faire face à des réclamations étrangères. La France, en 1837, fit au Mexique une expédition pour garantir ses nationaux dans leurs intérêts de commerce. Mais la prise du fort de Saint-Jean-d'Ulloa et l'occupation de la Vera-Cruz parurent suffisantes au gouvernement de cette époque, et un traité définitif fut conclu entre les deux nations le 10 avril 1839.

Ce fut en 1847 que la guerre éclata entre le Mexique et les États-Unis. Santa-Anna était au pouvoir. Les Mexicains résistèrent avec courage, mais ils furent vaincus. Santa-Anna se démit de la toute-puissance et le Mexique rentra dans la voie de sa révolution qu'il sentait instinctivement n'être pas achevée. Quant à la république américaine, elle savait parfaitement ce qu'elle s'était proposé de faire en allant à Mexico. Elle voulait étendre le rayon de ses frontières, et la victoire lui avait acquis ce qu'elle demandait.

Depuis cette époque la révolution au Mexique a tendu à se placer sur un terrain plus circonscrit. L'alliance qui, au début de la guerre d'indépendance, s'était faite entre le clergé et la population indigène, marchait à sa dissolution. C'est ce qu'il faut bien discerner au milieu des péripéties sanglantes qui se sont déroulées dans la lutte dernière.

Tout le monde a suivi le combat dont Miramon et Juarez ont été les deux principaux tenants. Le premier, jeune général dévoué au clergé avec toutes les mœurs d'un véritable Espagnol ; le second, avocat et Indien pur, parlant de légalité en ce pays qui n'a connu que la guerre, et de *desamorticacion*, ou vente des biens du clergé, à ce Mexique qui jusque-là ne s'est incliné que devant la religion catholique. On voit que le cercle est complet. Si à cela on ajoute que notre ex-protégé Almonte se dit fils naturel du curé Morelos, ce qui le constitue moitié clérical, moitié indien par le métissage, on comprend aisément que dans notre camp il représente un élément analogue à celui que symbolise Juarez lui-même ; toutefois avec cette différence qu'il est militaire au lieu de revêtir le caractère civil qui, jusqu'à un certain point, fait le mérite de son antagoniste, et de servir l'étranger, tandis que l'autre demeure uniquement patriote. Reste au clergé lui-même à dessiner là-bas sa situation véritable ; quant au gouvernement mexicain de Juarez, il est prêt à le traiter suivant qu'il se conduira.

Nous avons dit que Juarez s'appuyait sur la légalité. Nous ne prétendons pas qu'en fait son action gouvernementale ait été pure de toute violence, la situation ne le permettait guère. Néanmoins on ne peut nier qu'il n'ait mis pour lui les formes mêmes de la constitution. Lorsque le général Comonfort, président de la république et chef du parti démocratique à Mexico, eut été forcé de céder devant la pression du général Zuolaga, tenant du parti aristocratico-clérical, et par conséquent centralisateur, Juarez, au nom de sa qualité de vice-président et des intérêts fédéraux qu'il se croyait appelé à défendre, déclara dans un pronunciamento officiel qu'il reprenait dans ses mains le pouvoir présidentiel, tombé en déchéance dans la personne de Comonfort fugitif. Lorsque, après trois ans de guerre civile, il est rentré vainqueur avec son parti à Mexico, il n'a eu qu'à continuer ce qu'il avait commencé, et il s'est posé assez justement, ce nous semble, en organe avoué de l'institution constitutionnelle ; et c'est en cette position qu'il a traité avec la triple alliance, et c'est en cette qualité que la France le rencontre, *nolente volente*, dans la crise présente.

VII

Est-ce à dire que Juarez, le juriste de race indienne, soit aux yeux de notre civilisation le meilleur type de gouvernement imaginable? Il ne nous appartient nullement de nous porter juge en pareille cause. Ce serait affaire aux Mexicains de se prononcer. Est-il possible à une nation européenne, fût-elle la France elle-même, de décider pour ou contre? Nous ne le pensons pas. Il nous semble, en nos faibles lumières, qu'avec Juarez la révolution nationale touchait à son terme, nous ne disons pas précisément en fait, mais jusqu'à un certain point en principe. Est-il écrit dans les décrets de la Providence qu'il faut au Mexique la pression européenne afin d'acquérir la consistance nécessaire pour l'empêcher d'osciller au sein d'une agitation frénétique? Qui pourrait affirmer le pour ou le contre?

Dans des articles fort remarqués de la *Revue des Deux-Mondes*, M. Michel Chevalier s'est occupé du Mexique (1). Dans le cours de son écrit, où il approuve l'expédition présente, il a présenté un mot d'économiste qui n'a rien de rassurant pour les Mexicains. « Le Mexique, dit-il, est aujourd'hui parmi les peuples civilisés ce qu'on appelle une *non-valeur*. » Si l'on rapproche cette affirmation catégorique de l'établissement des paquebots transatlantiques, et de l'annonce de chemins de fer à construire sur le terrain occupé par nos troupes, on peut, jusqu'à un certain point, entrevoir une intention pour l'avenir.

Toutefois il est impossible à quiconque de rien affirmer de péremptoire à cet égard. Déjà le gouvernement français, tout en refusant de reconnaître pour valable la convention de la Soledad, a renoncé à soutenir une candidature monarchique. Du moins l'on n'entend plus parler des chances qu'aurait eues à l'origine l'installation, sur le trône du Mexique, de l'archiduc Maximilien d'Autriche. De plus, notre protégé Almonte, après s'être installé comme tout-puissant à la Vera-Cruz, a été désavoué

(1) *L'expédition du Mexique*, par Michel Chevalier, membre de l'Institut, sénateur. *Revue des Deux-Mondes*, 1er et 15 avril 1862. — Ces articles ont été réunis en brochure, Paris, 1862, E. Dentu, éditeur.

solennellement. Cela a été l'œuvre première du général Forey, le nouveau commandant de l'expédition.

Il est vrai que, depuis notre échec inattendu de la Puebla, des renforts considérables ont été envoyés à l'armée expéditionnaire ; mais les déclarations du gouvernement de l'Empereur restent toujours empreintes de la même modération, unie à la même rigidité dont jusqu'ici il n'a pas jugé à propos de se départir. Assurément, on ne saurait mettre en doute la loyauté de la France. Si notre pays, par l'organe du pouvoir suprême, affirme n'avoir nulle tendance à occuper par la conquête aucune portion du territoire mexicain, il faut le tenir pour incontestable. Puisqu'on fait appel aux populations mexicaines pour qu'elles se prononcent en toute facilité contre leur gouvernement actuel, que nous prétendons tyrannique pour elles et inacceptable pour nous, nul doute que, malgré l'ambiguïté du problème posé, une solution satisfaisante n'intervienne et ne soit acceptée d'un commun accord.

Pour le moment, notre situation militaire est prépondérante. Notre drapeau a subi un échec, et notre armée n'a pas l'habitude de rester, de gaieté de cœur, sous le coup d'une défaite, quelque glorieuse qu'elle puisse être d'ailleurs. L'instant n'est donc pas très-propice pour hasarder des conjectures tout au moins aventurées.

VIII

Nous laissons aux événements à dessiner d'une façon plus claire une position qui a plus d'un côté dans la pénombre. Cependant, il nous a paru de notre devoir de placer sous les yeux de l'opinion publique le terrain vrai sur lequel il lui est loisible d'établir ses appréciations.

La France ne veut pas de conquête au Mexique ; elle se défend de jamais être un agent d'oppression vis-à-vis des

populations qu'elle estime, tout en les plaignant de subir
un ordre de choses auquel elle ne croit pas pouvoir donner
son agrément. Cela étant, que voulons-nous faire? proté-
ger nos nationaux. Comment y parviendrons-nous, si nous
quittons le territoire? Si nous l'occupons, que devient la
déclaration officielle de nous en abstenir? Si nous partons
après avoir obtenu satisfaction, qui nous couvrira de nos
dépenses? Il faut avouer que ce sont là d'assez gros pro-
blèmes vis-à-vis de nous-mêmes, et pourtant ils restent
étrangers à l'avenir même du Mexique. La situation ne va
pas changer d'un coup de baguette en ce pays, où la race
indienne, après être arrivée au pouvoir dans la personne
de l'avocat Benito Juarez, consentira difficilement à s'a-
vouer vaincue sans songer à une résistance ultérieure.
Quels rapports aurons-nous là-bas avec le clergé? quelle
influence pourrons-nous bien acquérir? L'avenir seul
pourra nous instruire sur cette matière; nous souhaitons,
pour notre part, que tout arrive pour le mieux.

Vaincre n'est rien; aller à son but est la seule chose
importante. Entrer à Mexico sera certainement accordé à
la valeur incontestée de l'armée française; mais, aujour-
d'hui, ce sont les fédéralistes qui gouvernent au Mexique;
pour eux, la capitale n'a rien que de secondaire : ils ont à
leur disposition une vaste étendue de territoire. Céderont-
ils à un premier échec? Se rendront-ils au moment où
nous franchirons les murs de la cité principale? Nous l'i-
gnorons absolument. Ce qui nous paraît évident, c'est
qu'après comme avant la victoire, la question restera tout
entière. Aussi laissons-nous ouverte toute perspective à
une solution efficace, réservant à l'avenir de nous donner
une réponse à cette question des plus nettes : QUE FERONS-
NOUS A MEXICO ?

FIN.